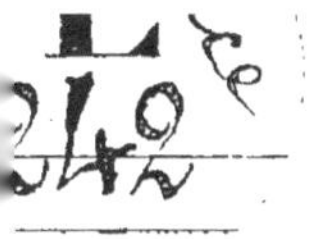

Patrice Contamine de Latour

DÉSARMEMENT

ET

CONFÉDÉRATION

SENS

IMPRIMERIE M. GORET & Cie

1, RUE DE LA BERTAUCHE

1899

Patrice Contamine de Latour

DÉSARMEMENT

ET

CONFÉDÉRATION

SENS
IMPRIMERIE M. GORET & Cie
1, RUE DE LA BERTAUCHE

1899

DÉSARMEMENT & CONFÉDÉRATION

I

Les délégués des puissances vont se réunir à Saint-Pétersbourg. La Russie les convie à parler de la paix. Ils vont examiner les moyens de réduire les armements qui écrasent l'Europe, de préluder ainsi à ce désarmement général, dont on fait miroiter à nos yeux, depuis longtemps, l'espérance toujours lointaine. Les petits Etats, les Etats neutres, ont adhéré de suite à la proposition russe. Les grands, les forts, ont fait des réserves. Certes il n'est pas possible de se déclarer l'ennemi de la paix ; mais on attend trop de la guerre pour y renoncer tout d'un coup.

L'opinion publique, toujours simpliste, a accueilli le rescrit du Tsar avec enthousiasme. Elle a été unanime à louer l'initiative de Nicolas II. On a parlé de justice, d'humanité, de fraternité universelle ; on a salué l'avènement d'une ère nouvelle de paix et de prospérité. Il semble qu'on se soit trop pressé. En pareille matière les déceptions sont à redouter plus qu'en toute autre ; et, si l'on étudie attentivement les conditions nécessaires du désarmement et ses conséquences, dans l'état actuel de l'Europe, on s'apercevra que nous sommes en présence d'une illusion — et d'une illusion dangereuse.

II

En 1864, Napoléon III voulut, lui aussi, provoquer un désarmement. L'empereur, estimant que pour éviter la guerre il faut avant tout en écarter les causes, demandait la révision de ce qui restait du traité de 1815, en prenant pour base le principe des nationalités. La proposition n'eût pas de suite. Elle eut eu pour premier résultat l'agrandissement de la France. Personne n'y consentit. Les irrédendistes de tous pays élevèrent de justes réclamations. La question alors toute récente, du Slesvig-Holstein soulevait à elle seule un monde de difficultés.

Les circonstances n'ont pas changé. Il y a encore des irrédentistes partout. A la question du Slesvig est venu s'ajouter celle d'Alsace-Lorraine. Rome, Malte, Gibraltar sont captifs. Le continent africain, avec ses terres inféconddées et riches en promesses, est un champ ouvert à toutes les rivalités. La Chine déchaîne les plus vives compétitions. Avant qu'elle soit tombée chacun en convoite les dépouilles.

Les esprits réfléchis ne croient pas au désarmement, à sa possibilité ni à son efficacité. On sent qu'une telle œuvre doit être le fruit d'une évolution amenée par l'âge du monde, non le fait du rationalisme politique. Des préventions existent contre une mesure aussi grosse de conséquences, même si elle était générale ; des craintes, trop justifiées, malheureusement, pour l'avenir. Personne ne désire la guerre mais tout le monde la redoute et veut y être préparé ; on veut aussi être le plus fort. A l'heure où chacun s'inscrit contre l'emploi de la force, on se réserve, le cas échéant, d'y faire appel. Autour de ce droit les habitudes militaires, la violence des préjugés politiques et sociaux ont élevé une sorte de faux-rempart, que les meilleures assurances sont impuissantes à détruire.

Mais en admettant qu'on vienne à bout des premières difficultés, que les autres soient dissipées, des questions fort graves se posent. Désarmera-t-on partout à la fois et dans le cas contraire, qui désarmera le premier ? Dans quelle proportion imposera-t-on la réduction des armements à des nations différentes par l'étendue territoriale, par le nombre des habitants, par leurs ressources et par leurs besoins ? Et si un accord intervient sur ce point, qui donc en assurera le maintien et l'exécution ? Qui pourra empêcher une puissance quelconque de reprendre ses armements à un moment donné et de profiter de la trompeuse confiance de ses voisins pour les accabler ?

Les propagateurs du désarmement et de la paix générale, ont cru remporter une première victoire en faisant entrer l'arbitrage dans les mœurs internationales. Certes l'arbitrage a rendu de grands services : en Guyane, au Canada, dans le Vénezuela, pour la délimitation des frontières ; en Afrique dans la possession de territoires contestés; à Béhring et à Terre-Neuve dans la question des pêcheries, dans nombre d'autres occasions. Mais son influence n'en est pas moins illusoire. L'arbitrage n'existe qu'à la condition que les parties adverses consentent à se soumettre aux décisions de l'arbitre. S'il leur plaît de les rejeter nul ne peut les forcer à les accepter. Il n'a jamais empêché un conflit entre deux nations dont l'une était décidée à faire la guerre. Cela s'est vu après l'affaire du *Maine*, lorsque les Etats-Unis repoussèrent l'intervention du Pape proposée par l'Espagne. C'est que l'arbitrage porte en lui son vice constitutionnel. Il n'a qu'une valeur morale et aucune sanction matérielle. Il ne peut rien empêcher ni rien garantir.

Est-ce sur une base aussi fragile qu'on fera reposer le désarmement? Se contentera-t-on de l'appuyer sur un accord tacite, que le premier venu peut rompre à son gré? Mieux vaudrait conserver l'état de choses présent que de s'exposer à de pareils risques. Etablira-t-on des tribunaux internationaux permanents d'arbitrage, comme le voulait Napoléon III? C'est à cette solution que semble aboutir la circulaire adressée aux puissances par le gouvernement russe. Mais en ce cas il faut donner à ces tribunaux un code international réglant l'exercice du droit de guerre, et une force armée pour assurer l'exécution de leurs sentences, comme pour les tribunaux particuliers de chaque pays. Il faut dans ce code introduire l'obligation pour les nations de régler juridiquement leurs différents, et des pénalités applicables à celles qui ne s'y conformeraient pas.

C'est d'ailleurs la seule solution logique et possible, celle qui découle naturellement des faits eux-mêmes. Tous les écrivains qui se sont occupés de la question, philosophes, sociologues ou hommes d'Etat sont arrivés à cette même conclusion. Interrogez Wolff, Liebnitz, Krause, Saint-Simon, Goudon, William Ladd, Lortimer, d'autres encore. Tous sont d'accord sur ce point. « Le besoin d'une organisation de l'Europe est éveillé» dit Blunstchli (1). Et il trace les grandes lignes de cette organisation que tous préconisent, quoique sous des formes différentes et que le Congrès de 1889 devait reprendre en l'élargissant. C'est la constitution européenne,

(1) Blunstchli (*Le droit international codifié*).

liant entre elles les nations, par des droits et des devoirs réciproques, comme les constitutions locales lient les provinces d'un même pays ; c'est le pacte fédératif, établissant au-dessus des Etats une organisation législative, judiciaire et militaire internationales, dans les mains d'un pouvoir central de même origine. C'est en un mot l'état juridique entre nations, avec le concours de toutes et sous la réserve de la pleine indépendance, autonomie et souveraineté de chacune.

Si minimes que soient les concessions demandées aux aux différents gouvernements et consenties par eux, on ne voit pas comment un accord pourrait subsister avec quelque chance de durée et de loyauté, s'il n'est renforcé par une législation les obligeant à la stricte observation des clauses de l'entente. Même s'il ne s'agit, suivant les termes de la circulaire russe, que d'un arrêt dans l'augmentation des armements, de l'engagement de ne pas se servir d'engins explosifs plus puissants que ceux actuellement en usage, ni de torpilleurs sous-marins ni de navires de guerre à éperon ; d'appliquer dans les guerres navales les stipulations de la convention de Genève, et de recourir à l'arbitrage pour éviter les guerres éventuelles ; même à ces conditions, dis-je, il est indispensable de sanctionner les décisions prises par l'autorité de l'état juridique, avec tous les corollaires dont il est inséparable. Autrement il n'y aurait plus qu'un échange de paroles et de promesses, sans autre effet que d'exposer à de terribles mécomptes ceux qui reposeraient leur confiance sur un acte de sentimentalisme politique.

On peut dire que, sans le pacte fédératif, le désarmement ne serait qu'une duperie. C'est donc par la confédération qu'il faut commencer, si l'on veut réellement désarmer, même partiellement.

III

Récemment, à propos de l'alliance franco-allemande, M. Paul Leroy-Baulieu émettait cet avis :

— « La constitution des Etats-Unis de l'Europe continentale devient une nécessité. On rencontrera évidemment des difficultés pour former une fédération solide et vivante entre les peuples — jusqu'ici très divisés — du continent de l'Europe. Mais c'est l'œuvre de salut à laquelle tous les hommes prévoyants doivent désormais consacrer leurs efforts. »

Sages paroles venant à propos pour répondre à ceux qui considèrent encore la confédération européenne comme une utopie.

L'idée fédérative ne date pas d'aujourd'hui. Elle a été examinée sous toutes ses faces, pesée, discutée, jugée depuis des siècles. Elle a donné lieu à nombre de systèmes, qui ne qui ne varient entre eux, à la vérité, que par des points de détail. Mais nous avons mieux que des systèmes. Nous avons les exemples que nous a légué l'Histoire et ceux qui vivent et prospèrent autour de nous. La Grèce eut son pacte fédératif. Avant Alexandre, Athéniens, Icariens, Béotiens, Dolopes, Thessaliens, se réunissaient deux fois l'an au temple de Cérès, à Delphes, pour juger les différends survenus de cité à cité. La Hanse teutonique et la Ligue souabe furent, au moyen-âge, des confédérations. Je ne parlerai pas des accords passagers qui revêtent le caractère fédératif, tels que la pentarchie de 1815, formée après le traité d'Aix-la-Chapelle, pour le règlement des affaires européennes, et le récent concert de puissances intervenu dans le conflit gréco-turc. Nous avons même vu celui-ci réaliser momentanément la conception d'une armée internationale, chargée de faire la police de la Crète. Mais la Confédération helvétique, le Zollverein allemand, les Etats-Unis d'Amérique et, plus frappant exemple encore, la République fédérative, née d'hier, du Centre-Amérique ?

Qu'est-ce que la patrie elle-même, sinon une ligue de souverainetés jadis indépendantes, fusionnées par le temps en un seul corps de nation ? Qu'est-ce que l'histoire de l'unité des peuples, sinon une longue évolution d'éléments isolés, venant se fondre un tout compact, pour assurer leur sécurité et leur existence ?

On objecte contre la confédération, la souveraineté et l'indépendance des nations, que l'on craindrait de voir diminuées. Mais le principe de la pleine et entière autonomie est le premier qui ait été inséré dans les projets fédératifs. Qu'est-ce au reste, qu'une confédération ? Un somme de pouvoirs et d'attributions reposant sur le libre accord des Etats particuliers, et réunis pour être exercés en commun.

Dès lors en quoi cette acceptation peut-elle porter atteinte à la dignité, à l'indépendance ou à la souveraineté des peuples ?

On se fait de celle-ci une idée très fausse. On ne veut pas comprendre que celle qui consent à soumettre, sous condition de réciprocité, non son principe mais ses actes, à des arbitres acceptés par elle, s'affirme et se fortifie au lieu de se diminuer. La liberté, pour les nations, n'existe d'ailleurs pas plus que pour les individus ; elle est limitée par les traités, par les convenances politiques, par les circonstances de temps et de lieu, par les prescriptions du droit international, et celui-ci exige un législateur universel. Loin d'anéantir l'indépendance et la liberté des peuples il les présuppose et les respecte ; il peut contraindre un Etat à modifier son droit particulier, dans la mesure compatible avec le droit général. Par conséquent, sous ce rapport encore, l'adoption d'un pacte fédératif, n'entraînerait aucune abdication pour les nations libres.

Nous marchons à la confédération sans nous en apercevoir ; elle se fait malgré nous, en dehors de nous et les faits, en apparence les plus contradictoires, concourrent au même but. Il suffit, pour s'en rendre compte, d'examiner les divers phénomènes de notre vie sociale. A l'heure actuelle un double courant d'internationalisme se manifeste partout. Internationalisme d'en bas et internationalisme d'en haut. Tous deux, arrivés à leur complète évolution, se joindront pour ne former qu'un seul courant irrésistible. En bas, c'est l'internationalisme des fédérations agressives, qui groupe ses forces dans le but avéré de les lancer à l'assaut de la société ; en haut c'est l'internationalisme basé sur la solidarité humaine et tendant au nivellement définitif des institutions et des mœurs. Plus que jamais les peuples cherchent à se joindre par-dessus les frontières, à se pénétrer les uns les autres. Tout les y oblige. Un évènement nouveau qui se produit sur un point quelconque du globe, modifie l'équilibre antérieur. Une invention industrielle, une catastrophe financière, ébranlent partout les situations acquises, ainsi que les intérêts les plus éloignés et les plus opposés. Un isthme, un chemin de fer nouveau, troublent le régime des transports et déplacent les clientèles. Une contrée neuve où pénètre la civilisation jette ses terres vierges en concurrence avec les nôtres. Les imprudences financières, les crises de surproduction, les difficultés monétaires, les droits établis à une frontière se répercutent sur le monde entier. Le moindre acte local a un retentissement prolongé partout. C'est en vain que nous nous raidissons contre cette solidarité : elle nous enveloppe, nous domine, et préside à toutes les manifestations de notre existence.

L'idée fédérative s'affirme aussi officiellement. Le libre accord des Etats existe pour un certain nombre d'objets ; il a englobé quantité de points du droit et s'étend progressivement à tous les autres points. On ne peut le nier sans nier l'évidence même. Toutes les grandes conventions de ces temps derniers : assistance aux blessés et aux malades en temps de guerre, services postal et télégraphique, convention monétaire, protection des câbles sous-marins, protection de de la propriété littéraire, artistique, industrielle ; occupation des territoires africains, neutralisation du canal de Suez, répression de la traite des noirs, intégrité de l'empire ottoman, sont autant de jalons de cette juridiction internationale avec laquelle on constituera, quand on le voudra, le pacte fédératif.

Le tout est de savoir à qui ce régime profitera.

IV

Le pacte fédératif exige l'équilibre. Il ne peut intervenir qu'entre des valeurs à peu près égales ; autrement les moindres resteraient soumis à l'arbitraire des plus fortes. Volontairement où non elles seraient écrasés par celles-ci. Les alliances entre des éléments disproportionnés ne valent rien. Elles font toujours une victime. La crainte d'un adversaire de même force que soi est le meilleur garant de l'harmonie. Or, actuellement cet équilibre n'existe pas.

L'Europe subit un mouvement de division par races. Ce mouvement n'est pas seulement naturel, il est voulu, il est diplomatique. En 1871, après la guerre franco-allemande, les différentes chancelleries élaborèrent un plan de réorganisation du continent. Il s'agissait de l'absorption des petits Etats par les grands, et du partage de l'Europe en trois groupements de races : anglo-saxonne, slave et latine. La Russie, pour étendre sa domination vers l'Orient, en vue de la formation du grand Etat slave et du démembrement de la

Turquie, devait faire passer sous sa tutelle les populations chrétiennes de l'Orient, après les avoir constituées en principautés indépendantes; dans le démembrement de l'Autriche elle recevait les populations slaves. Le Danemarck, la Suède et la Norvège lui seraient revenus plus tard. L'Allemagne, en échange de son appui diplomatique, avait pleine liberté de s'emparer de la Hollande, pour s'ouvrir un débouché sur la mer, et ensuite de la Hongrie. L'Angleterre dont l'intérêt n'a jamais résidé exclusivement en Europe, aurait reçu l'Egypte, pour prix de sa neutralité dans le partage. Quant aux nations latines on promettait le Portugal à l'Espagne, à l'Italie les régions latines de l'Autriche et on endormait les méfiances de la France par une perspective ouverte sur la Belgique et sur la Suisse.

Quelques modifications qu'ait subi ce plan, on ne peut méconnaître qu'il ait reçu un commencement d'exécution. La Serbie, la Bulgarie, le Monténégro, détachés de la Turquie, gravitent dans l'orbe de l'influence russe. L'Angleterre, avec la complicité des grandes puissantes, a mis l'embargo sur l'Egypte. La récente affaire de Fachoda, démontre qu'elle n'admet point la moindre contestation à ce sujet.

Les deux grandes alliances de ces dernières années ont été conclues pour aider à la réalisation de ce plan. L'Allemagne, avec appui de l'Autriche et de l'Italie a constitué une puissance factice, à l'abri de laquelle elle opère le groupement des forces anglo-saxonnes. Ce groupement est à la veille de se conclure par l'alliance projetée entre l'Allemagne, l'Angleterre et les Etats-Unis; quand il sera fait nous verrons la Triple-Alliance disparaître comme inutile. La Russie, de son côté, s'est appuyée sur nous pour contrecarrer la menace germanique, qui gênait son libre développement. C'est donc, de ces deux côtés, la formation des grandes agglomérations anglo-saxonne et slave.

Et l'élément latin? Désuni, désemparé, obligé de faire face à ses désordres intérieurs, il demeure indifférent à toute idée de groupement. La France, en butte aux plus graves préoccupations, semble avoir renoncé à son rôle d'éducatrice du monde. L'Espagne, encore palpitante de ses récentes blessures, se recueille dans un isolement farouche. L'Italie, appauvrie, ruinée, peut à peine lutter contre sa propre misère. Quant au Portugal, il n'existe pour ainsi dire pas.

Et c'est avec des éléments aussi disproportionnés que l'on ferait une confédération ? On veut nous entraîner, nous autres, puissances décroissantes, à nous mettre sur le même pied de confiance que des puissances ascendantes, qui aspirent à la domination du monde et qui portent en elles les ressources nécessaires à leur élévation ? Autant nous résigner de suite à disparaître par la force des armes si nous résistons, par l'absorption si nous consentons ; à moins que de mourir broyés dans le choc inévitable où se heurteront un jour ou l'autre les deux colosses rivaux.

La Russie peut adhérer à une confédération ; elle peut parler de désarmement, car elle a besoin de la paix. Empire immense, possédant de vastes terrains incultes et d'incalculables richesses inexploitées elle deviendra, le jour où elle aura atteint son complet développement ; le jour où des voies rapides de communication la relieront à tous les points de l'Europe et de l'Asie, le grenier d'abondance dont les portes se fermeront où s'ouvriront à son gré. Elle pourra soumettre à ses lois le monde affamé et s'assurer la suprématie. Déjà elle s'est attachée à cette œuvre avec une persévérance et un succès, qui sont faits pour nous inquiéter. Ce qu'elle nous propose aujourd'hui c'est de contribuer à son expansion, c'est de lui donner des armes qui, fatalement, se retourneront contre nous.

Ne nous y trompons pas : l'Allemagne et la Russie sont nos ennemies, à nous, Latins. Les alliances de l'une avec l'Italie, de l'autre avec la France, sont des causes de désagrégation, des entraves à la cohésion de notre race. L'Allemagne nous a paralysés en nous imposant le pied de guerre ; à son tour la Russie nous paralysera en nous liant à une paix dont elle aura seule tout le profit.

V

Conclusion :

Il n'y a pas pour nous de désarmement possible. Fictif ou réel, le désarmement serait dirigé contre nous.

Sans l'état juridique entre nations, une réduction de notre défense militaire nous exposerait aux plus cruelles surprises. Quant au pacte confédératif, son premier résultat serait de nous obliger à assister, impuissants, au rapide développement de forces économiques dix fois supérieures aux nôtres, et contre lesquelles toute résistance de notre part serait impossible.

Montesquieu l'a dit :

« Il viendra un temps où tous les grands Etats latins seront en face de ces deux grandes unités du germanisme et du slavisme, comme les républiques de l'ancienne Grèce étaient en face de la formidable république romaine. Il est plus que probable que ces Etats contemporains subiront le sort qu'ont subi toutes les petites républiques de la Grèce. »

Ce temps est venu. Les évènements qui se préparent, sont le prélude de notre chute irrémédiable. Militairement ou économiquement, les deux grandes unités du germanisme et du slavisme sont appelées à nous dévorer tôt ou tard. Elles y tendent, elles le cherchent, elles y parviennent. Le désarmement, sous quelqu'aspect qu'on l'envisage, est une manœuvre dont nous serons les victimes.

En face de cette situation que reste-t-il à faire ? Si les nations de l'Europe méridionale veulent échapper à la défaite finale, elles n'ont qu'à réunir leurs forces, à se coaliser, pour former le grand Etat latin, qui seul pourra contrebalancer la puissance de l'Etat slave et de l'Etat anglo-saxon.

Quand l'Europe sera ainsi divisée en trois portions à peu près égales et liées dans toutes leurs parties par des affinités naturelles, alors seulement on pourra parler d'une confédération et d'un désarmement.

En attendant, c'est aux nations latines à se confédérer entre elles, comme les Etats balkaniques arriveront à se confédérer s'ils veulent rester indépendants.

C'est aux nations latines à se détacher de leurs alliances irrationnelles, à secouer la fascination où les tiennent engourdies leurs désordres intérieurs, à jeter leurs regards au dehors, où réside l'avenir. Là seulement est le salut. C'est à cette unique condition qu'elles trouveront des forces pour résister à l'envahissement des puissances du nord. C'est dans cette union confédérative qu'elles trouveront la possibilité de résoudre les graves questions sociales du moment. C'est par ce seul moyen qu'elles pourront remonter vers une vie nouvelle.

La France qui a toujours marché à la tête de la civilisation et du progrès, ne peut avoir abdiqué sa haute mission. Elle doit au monde, elle se doit à elle-même, en face de la tentative que nous voyons se produire, de prendre l'initiative d'une confédération entre nations latines. C'est pour elle, c'est pour nos voisins et nos alliés naturels, une question capitale, une question de vie ou de mort. Quelque défavorables que paraissent les circonstances, on ne doit pas l'oublier, sous peine de nous en repentir amèrement, quand il sera trop tard.

C'est là une vérité que tout le monde sent et que l'on reconnaît tout bas. Quant à essayer de la faire triompher personne n'ose s'y dévouer. On se laisse rebuter par l'ingratitude apparente de la tâche, par l'habitude qu'on a prise de la considérer comme impossible. Tout advient cependant. Les plus grandes transformations sociales qui se sont opérées n'ont-elles pas été longtemps regardées comme impossibles? Tous les progrès réalisés n'ont-il pas été considérés comme des utopies ou des absurdités?

C'est donc à cette œuvre qu'il importe de s'attacher; c'est elle qui doit devenir notre principale et incessante préoccupation. C'est vers elle qui doivent tendre tous les mouvements de l'opinion, car c'est seulement par la poussée de l'opinion qu'on arrivera à un résultat. On s'imagine qu'une pareille entreprise ne peut émaner que des souverains ou des chefs d'Etat. C'est une erreur : ceux-là sont les derniers à pouvoir prendre une telle initiative. L'œuvre d'union pacificatrice doit être faite par tout le monde, car elle intéresse tout le monde.

Paris, janvier 1899.

Sens, Impr. M. Goret et Cie

www.ingramcontent.com/pod-product-compliance
Lightning Source LLC
LaVergne TN
LVHW010336230826
846091LV00009B/3891

9782011905017